# FESTES

sur les bords de la Marne a 12 lieues de Paris
le trois d'Octobre et jours suivans
1678.

Lundi 3. Mascarade de Vendangeurs avec chansons et danses. p. 97.
Mardi 4. Comédie des Fâcheux de Molière . . . . . . . 100.
Mercredi 5. Pastorale representée. . . . . . . . . . . . 102.
Jeudi 6. Bacchanale ou Mascarade de Bacchus avec des
         recits des chants et des danses . . . . . . . 103.
Vendredi 7. Mascarade d'Egyptiens et d'Egyptiennes accompagnée { 106
            de la Scene d'un Operateur.                            { 108.
Samedi 8. Mascarade de bergers et de bergeres . . . . . 110
         { Jeu d'artifice . . . . . . . . . . . . . . . 110
         { Serenade d'instrumens et de voix avec des chœurs . 111.

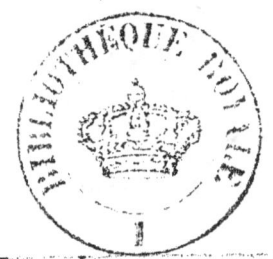

Je vous ay déja fait part
de plusieurs Festes, mais je
croy qu'il ne s'en est guére
fait de plus agreablement
diversifiée que celle dont
je vay vous entretenir. Elle
H ij

Mercure galant. 8^bre 1678.

s'est donnée il y a peu de jours sur les bords de la Marne à douze lieuës de Paris. Sa magnificence vous persuadera aisément qu'il n'y a eu que des Personnes de qualité qui s'en sont meslées.

Six ou sept Bergers, & autant de Bergeres, s'estant assemblez dans un Hameau, où ils avoient accoûtumé de venir faire Vendanges tous les ans, résolurent de faire parler d'eux dans le voisinage. Ils concerterent leurs divertissemens,

& chercherent sur-tout les moyens de les faire partager à deux aimables Personnes, dont le trop de beauté causoit le malheur. Cette beauté estoit soustenuë de beaucoup debien; & comme on avoit fait déja quelque entreprise pour les enlever, ceux dont elles dépendoient y avoient pourveu, en les enfermant dans un Chasteau dont on ne les laissoit jamais sortir. La prison se pouvoit nommer agreable, à considerer la promenade qui leur estoit permise dans un grand Parc; mais elle estoit tellement prison à l'égard des visites qu'on leur rendoit, qu'elles n'en pouvoient recevoir aucune qu'à la maniere des Filles Cloistrées. Une Cloison grillée separoit deux Chambres. Elles estoient dans l'une, on les entretenoit dans l'autre, & toûjours en presence de témoins. Jamais Prisonnier d'Etat ne fut si soigneusement gardé à veuë. Ces précautions n'alloient pas jusqu'à les priver de ce qu'il

GALANT. 95
y a d'innocens plaisirs. On
soufroit qu'on amenast
des Violons à leur Grille;
& comme cette sorte de
divertissemens & d'autres
semblables leur estoient
permis, il n'y avoit personne aux environs qui ne
cherchast à leur en fournir.
Ce fut par cette raison que
la galante Troupe dont je
vous parle, ayant medité
une longue Feste, n'en
voulut executer le dessein
que dans ce Chasteau. Tous
ceux qui la composoient
vinrent rendre visite à ces

deux belles Personnes le matin du Lundy 3. jour de ce Mois. Les Hommes estoient vestus partie en Vendangeurs & partie en Hoteurs. Il n'y avoit rien de plus propre que leur équipage. Les Femmes ne leur cedoient ny en galanterie ny en propreté. Elles avoient toutes des habits de Vendangeuses, avec des Chapeaux, des Paniers, & des Serpetes qui soûtenoient admirablement le Personnage qu'elles prenoient plaisir à joüer. Cette première

GALANT. 97
premiere entreveuë se passa toute en complimens. Les belles Cloistrées témoignerent beaucoup de joye de cette visite, & accorderent avec plaisir le rendez-vous qu'on leur demanda pour l'apresdinée. Il fit bruit dans toute la Noblesse des lieux voisins. On vint au Chasteau de toutes parts. L'Assemblée fut grande, & l'heure qu'on avoit marquée estant venuë, la mesme Troupe arriva au mesme équipage, mais ce fut au son des Vio-

lons, des Flutes-douces & des Hautbois. Les Hoteurs & les Vendangeuses commencerent à faire voir par une Danse fort plaisante qu'ils sçavoient autre chose que vendanger. Les Hotes qui se rencontroient avec les Paniers, marquoient la cadence, & ils ne faisoient aucun pas qu'avec la plus exacte justesse. Une fort agreable symphonie suivit la Danse. Elle estoit composée de six Violons, de quatre Flutes & de deux Hautbois. Un Concert de Voix toutes charmantes luy succeda. On chanta plusieurs Chansons sur la Vendange, & apres que ce Régal eut duré deux heures, on le finit par une nouvelle Danse qui ne divertit pas moins que la premiere. Les belles Recluses trouverent ce temps si court, qu'elles ne pûrent s'empescher de le témoigner ; mais elles furent fort consolées, quand un des Vendangeurs les pria de faire dresser un Theatre pour une Comédie qu'ils viendroient representer le lendemain. Ils prirent congé apres cette Annonce (vous voudrez bien me souffrir ce mot) & apres avoir soupé tous ensemble dans le Hameau, ils donnerent un Bal en forme, où tout ce qui se presenta d'honnestes Gens fut receu.

Le lendemain qui estoit Mardy, ils tinrent parole sur la Comédie promise. Ils avoient preparé les Fâcheux de feu Moliere. Tous les Personnages en estoient si heureusement disposez, que de véritables Comédiens auroient eu peine à s'en mieux tirer. Vous jugez bien que l'Assemblée fut encor plus grande qu'on ne l'avoit veuë le jour précedent. Les trois Actes eurent chacun divers Instrumens pour les distinguer. Les Violons seuls joüerent d'abord l'ouverture. Apres le premier Acte les Flutes-douces se firent entendre ; les Hautbois apres le second ; une Voix avec un Thuorbe apres le troisiéme ; & ensuite les Hautbois & les Flutes-douces se joignirent avec les Violons pour former ensemble la symphonie de l'adieu. On ne le dit aux Belles qu'apres les avoir priées d'empescher qu'on n'abatist le Theatre. C'estoit leur promettre un nouveau divertissement pour le Mercredy. Ce jour estant venu, on accourut en foule au Chasteau. La galante Troupe y representa une Pastorale avec le mesme succés qu'elle avoit fait les

Fâcheux le jour précedent. Les habits des Bergers & de Bergeres qu'elle avoit pris rehauſſoient la bonne mine des Acteurs, comme ils donnoient un nouvel éclat à la beauté des Actrices. Une Baccanade fut promiſe à la meſme heure pour le Jeudy. On tint parole. L'arrivée de Bacchus avec ſa Troupe fut annoncée de loin, par un grand bruit de Timbales, de Fifres & de Trompetes. Bacchus chanta ſeul d'abord. Enſuite deux Bacchantes danserent au son de leurs Tambours de Basque dont elles joüerent divinement; & Bacchus ayant recómencé de chanter, tous ceux de sa Troupe meslerét leurs voix avec la sienne, & on ne peut rien entendre de plus juste ny de plus melodieux que fut ce Concert. Pendant qu'il se fit, les Belles qu'on avoit déja regalées de trois jours de Feste, firent apporter une Table sur laquelle il y avoit un Ambigu tout dressé. Elles connoissoient l'humeur de

## GALANT. 105

Bacchus, & ayant consenty à le recevoir, elles croyoient qu'il y alloit de leur honneur de le faire boire. Toute cette aimable Troupe se mit à table. Les Liqueurs ne luy furent pas épargnées. Ils chanterent tous le verre à la main, & le divertissement de cette journée finit par une harmonie admirable que firent ensemble les Tymbales, les Tambours de Basque, les Fifres, les Violons, les Flutes-douces & les Hautbois. On prépara les Belles à se laisser dire leur Bonne-avanture le lendemain Vendredy, par une Bande d'Egyptiens & d'Egyptiennes, qui devoient venir accompagnez d'un Opérateur. Vous jugez bien, Madame, que ce nouvel équipage fut tres-galant. On ne peut rien imaginer de plus agreable que l'Entrée que firent ces charmants Protées qui s'estoient faits Egyptiens & Egyptiennes. Leur langage n'estoit pas moins divertissant que leur danse qu'ils diversifioient par mille plaisantes postures. Ils demanderent la main aux belles Cloistrées, en examinerent toutes les lignes, & leur firent cent prédictions spirituelles & avantageuses sur le changement de fortune qui leur devoit rendre la liberté. Elles répondirent obligeamment, qu'elles ne se lasseroient jamais de leur prison, si elle devoit souvent leur attirer des Personnes aussi galantes que celles qui prenoient tant de soin d'en adoucir les chagrins.

La conversation euft efté plus loin fans de grands éclats de rire que fit l'Affemblée. Ils furent caufez par un Opérateur & un Arlequin qui monterent fur le Theatre. Ils eftoient habilles tous deux de la maniere du monde la plus grotefque. La Scene qu'ils firent enfemble n'eut rien que de réjoüiffant. Elle fut meflée de quantité de tours de Gobelets, de Gibeciere, & de Cartes, qui divertirent fort les Spectateurs. Apres que l'Opérateur eut joüé quelque temps son personnage, il dit qu'il n'estoit pas seulement le Maistre des Opérateurs, mais aussi Intendant des Poudres & des Salpestres, & qu'ainsi il convioit tous ceux qui l'écoutoient, de venir admirer un Feu d'Artifice qui se devoit faire le lendemain au soir pour prendre congé des Belles. Jamais journée ne leur fut plus lógue. Elles se mirét aux Fenestres de bonne heure, & virent apprester le Feu, en attendant que la Galante Troupe arrivast.

Elle ne vint qu'apres le Soupé, dans l'équipage du premier jour, c'est à dire, qu'ils estoient tous habillez en Bergers & en Bergeres. Le bruit d'une douzaine de Boëtes qui furent tirées d'abord, fit cónoistre qu'on alloit allumer le Feu d'Artifice. Il estoit composé avec beaucoup d'ordre, & donna un fort grand plaisir à tous ceux qui s'estoient assemblez pour joüir de ce Spectacle. Il finit par un tres-grand nombre de Fusées volantes, qui firent un

GALANT. III
effet merveilleux en s'élevant, & en se perdant dans l'air. Apres cet agreable divertissement on s'approcha des Fenestres pour donner une Serenade aux deux belles Enfermées. Elle commença par une Chanson Italienne, qu'un Berger & une Bergere chanterent ensemble avec le Thuorbe. Les Violons joüerent en suite les plus beaux Airs de l'Opéra. Si-tost qu'ils eurent cessé, les Belles furent régalées d'une Chanson Françoise par une seule

Voix admirable. Elle ne charma pas moins l'Assemblée, que tout le Chœur des Bergers & des Bergeres qui se firent entendre apres elle. A ce Concert succeda celuy des Violons, des Flutes-douces & des Hautbois, qui en répondant au bruit des Tymbales, des Fifres, & des Trompetes, terminerent agreablement les plaisirs de cette journée & toutes les Festes des jours précedens.

FIN.

www.ingramcontent.com/pod-product-compliance
Lightning Source LLC
Chambersburg PA
CBHW030112230526
45471CB00003B/1377